DRØMMEMAKEREN SA

DIJO EL HACEDOR DE SUEÑOS

EDICIONES encuentros imaginarios FÖRLAG

ZONA ARKTIS

1. 29 JAICUS Y OTROS POEMAS de Tomas Tranströmer, 2003
2. ELVIS, ARENA PARA EL GATO Y OTRAS COSAS IMPORTANTES, 2003
3. LA CASA ES BLANCA de Jan Erik Vold 2008
4. YO HE VISTO ESTRELLAS QUE DEJARON DE APAGARSE de Nils Yttri, 2009
5. ESPERANTO DEL CUERPO de Birgitta Boucht, 2009
6. EL PAÍS QUE NO ES de Edith Södergran, 2009
7. LUEGO DE NOSOTROS, SIGNOS de Tor Ulven, 20098.
8. RUIDO de Tone Hødnebo, 2010
9. LLUVIA EN/ REGN I HIROSHIMA de Tarjei Vesaas, 2010
10. IDEALES EN OFERTA de Henry Parland, 2010
11. ABIERTO TODA LA NOCHE de Rolf Jakobsen, 2010
12. DE HABITACIÓN EN HABITACIÓN Sad & Crazy de Jan Erik Vold, 2011
13. LA REALIDAD MISMA de Gunvor Hofmo, 2011
14. MARIPOSA de Birgitta Boucht, 2011
15. POEMAS SELECTOS de Gungerd Wikholm, 2011
16. ESPEJOS QUE HUYEN (bilingüe) de Rabbe Enckell, 2012
17. MINIMUM de Anne Bøe, 2012
18. DIJO EL HACEDOR DE SUEÑOS (bilingüe) de Jan Erik Vold, 2014

ZONA SIESTA
1. MALMÖ ÄR EN DRÖM av Tomas Ekström, 2011
2. BERING OCH ANDRA DIKTER av Luis Benítez, 2012

JAN ERIK VOLD

DRØMMEMAKEREN SA

DIJO EL HACEDOR DE SUEÑOS

(selección y versión castellana: Roberto Mascaró)

**encuentros
imaginarios**

Diseño de portada: Habitat
Diagramación: Sirius Estudio

© Jan Erik Vold

© de la traducción y de esta edición: Roberto Mascaró

Encuentros Imaginarios
Malmö, 2014
Encuentro – Poesimöte
Bergsgatan 13 A
211 54 Malmö
Suecia
Tel. 46-736783879
encuentros_imaginarios@yahoo.es
ISBN: 9789197973519

Edición realizada con el apoyo de Norwegian Litterature Abroad

NORLA

DRØMMEMAKEREN SA

DIJO EL HACEDOR DE SUEÑOS

JAN ERIK VOLD, MAESTRO DE LO BREVE

La poesía de Jan Erik Vold comienza aparecer en el horizonte de Noruega en los años 60. A partir de ese momento, su producción será constante y variada, abarcando varios géneros.

Su poesía es coloquial y realista, una suerte de sencillismo nórdico caracterizado por su brevedad, humor chispeante y concentración; es una poesía referida constantemente a los pequeños hechos de la vida cotidiana, esos que no parecen tener importancia en la vida de la polis pero resultan al final ser nudos fundamentales en el comportamiento y la transformación de una identidad nacional. Todo eso en un tono de meditación, nostalgia y rebeldía militante. Este maestro de la expresión breve es creador de la estrofa Vold, famosa en Noruega y que se compone de varias cuartetas de versos libres, y que encontramos en la totalidad de los poemas de la presente traducción. También practicó el jaicu, ese género de origen japonés que es hoy ya planetario, dándole un carácter personal.

Vold ha sido también crítico y traductor de poesía anglosajona, produciendo versiones noruegas de William Carlos Williams, Bob Dylan, Frank O'Hara y otros.

Nacido en Oslo, vive desde hace décadas en Estocolmo, Suecia. Ha publicado una decena de títulos de poesía y varios de crítica literaria. Los poemas escogidos para esta traducción han sido tomados de sus libros más recientes (1978-2004).

Desde los comienzos de su carrera, Vold también se destaca como performer, presentando sus poemas en la escena junto a músicos de jazz como Jan Garbarek y Chet Baker.

El poeta finlandés Pentti Saarikoski, refiriéndose a la práctica de la traducción, ha señalado el carácter de "imitación" que implica esta tarea. Imitar, en este caso, no es otra cosa que representar una aproximación en la lengua propia de lo que hubiese sido el texto de haber sido escrito directamente en ella. No se trata de levantar la pretensión de reproducir con exactitud –tarea imposible, bloqueada por las vallas de las diferentes lenguas- el poema, sino de sustituir el texto con otro, equivalente, que imita al original.. Y mejor aún si esa imitación es apasionada, es decir hecha con entrega total., prestando la voz propia, por así decirlo, al poema originario.

En el finlandés coloquial, el verbo usado para denotar la acción de traducir es "kääntää", que también significa "robar".

Sean consideradas, pues, estas versiones de los poemas de Jan Erik Vold como pequeños robos del traductor.

R.M.
Higuerote, Venezuela, junio de 2007

III

TURDUS MERULA

UNDER SVARTTROSTENS SANG
brenner vi
våre
ord. Vi blir

stumme. Men ikke døve, det er dét
de ikke
forstår. Att de stumme
har ord

fra et rikt alfabet. Har ikke også
de
stumme
en stemme å høre med?

STEMERETT.
Skattekort. Person
nummer
for alle. Gresset er en grønn

bandasje. Øynene
er
ørene.
Det suser av farger de blinde

ser. Ingen
er forsømt og ingen
glad.
Fluene er sporlys.

BAJO EL CANTO DEL MIRLO
quemamos
nuestras
palabras. Nos volvemos

mudos. Pero no sordos, eso es
lo que no
entienden. Que los mudos
tienen palabras

de un alfabeto rico. No tienen
los
mudos una afinación
para oír?

DERECHO A SUFRAGIO.
Cédula de impuestos.
Número personal
a cada cual. La hierba es un vendaje

verde. Los ojos
son
orejas.
Zumban los colores, que los ciegos

ven. Nadie
ha sido olvidado y nadie está
alegre.
Las moscas son bengalas.

TRAPPEN NED
er
trappen opp. Den lyser
hvit. Hvert

trinn
er en skoleklasse. Spark trappestigen
unna
-da er du i livets

skole. Du svømmer
i morild. Du
plasker i neon. Du sykler
i luft.

EN MELKEMUGGE
med
saft
i. Rødt for hvitt. Så

vrenger du muggen
som
en   .
vott -en ny massakre

i morgenens avis.
Flue
i blått skjold
skrider over tunge bokstaver.

BAJANDO LA ESCALERA
es
subiéndola. Relumbra,
blanca. Cada

peldaño
es una clase escolar. Patea
la escalera
-esa es la escuela de la

vida. Nadas
en mar fosforecente. Chapoteas
en neón. Pedaleas
en aire.

UNA TAZA DE LECHE
con
jugo.
Rojo en vez de blanco. Luego

das vuelta
la taza
como un
guante -una nueva masacre

en el diario matutino.
Mosca
con escudo azul
avanza sobre letras pesadas.

NØKKELEN TIL HENNES RYGG.
Nokkelen til hennes
blåne. Nøkkelen
till slottet

i horisonten. Kan Askeladden
tenke?
Kan Askeladden tro?Leser han
marmelade

flekkene
lik Herman
Rorschach? Gå og gå
og hjulet triller med.

DET HEMMELIGE NUMMER
var
24. Så
ble det

12. Så ble
det 6. Så ble det
7. Så
ble koden

sprengt. Fjellrrørreten
vaket
over
alt. Innsjøen var en lås.

LA LLAVE DE LA ESPALDA DE ELLA.
La llave de su
espejismo. La llave
del castillo

más allá de la montaña azul. ¿Puede Pulgarcito
pensar?
¿Puede Pulgarcito creer? ¿Lee
las manchas de

mermelada
como Herman Roschach? Anda y anda
y la rueda
gira.

EL NÚMERO SECRETO
era el
24. Luego fue
el

12. Luego fue el
6. Luego fue el
7. Luego
estalló

el código. La trucha
vigilaba
todo. La laguna era una
cerradura.

DET GLATTE ANSIKTET TIER
med sine
fisker.
Øyet

er åpent
og kaldt. Baksolbrillene
er det
natt. Steinene ruver

over sin
gåte. Flytter du
steinene
flytter du gåten.

DE SIFFER FLUENE
risser
er
løsningen. De er flere

enn vi kan få med oss.
Så
plutselig
gjør tallrekken

holdt.
Men begynner snart
å promenere
igjen.

EL LISO ROSTRO CALLA
con sus
peces.
El ojo

está abierto
y frío. Tras las gafas oscuras
es
noche. Las piedras empollan

sobre su misterio. Si las
mueves,
mueves su
misterio.

LA CIFRA
que las moscas
trazan
es la solución. Son más

de las que podemos agarrar.
Así,
de pronto
la línea de cifras

hace un alto.
Pero pronto comienza a
caminar
otra vez.

MANGE
inspektører. Mangt
å
rapportere- kanhende. Men hvem

skal samle
arkene
inn? Morgenlyset
flør

over bordflatene. Fluene
rundt
lampekanten
sover.

NOKKELEN GIKK TAPT.
Låsen gikk tapt.
Solen
var

løsningen.
Den
som
stirret

i nokkelhullet
fikk drillen
i øyet. Hennes overarmer vil jag holde
fast ved.

MUCHOS
inspectores. Mucho
para
reportar - puede ser. Pero ¿quién

ha de
juntar los
papeles? La luz matutina
fluye

sobre las superficies de las mesas. Las moscas
en torno
al borde de la lámpara
duermen.

LA LLAVE SE PERDIÓ
La cerradura se perdió
El sol
era

la solución.
El
que
miraba fijo

por el ojo de la cerradura
recibió el taladro
en el ojo. Quiero atrapar
sus antebrazos.

HUN ROR LUGNT
over
havet. Hun skal til Danmark for å
hente

korn.
Eller
har vært i Danmark og hentet
korn. Seige

åretak. Det
gjelder å få landkjenning, ennå mens
mann og barn
sover.

Å TIE
er å tale
ved å lytte. Dersom
regnet

var en
gammel mor
som streifet over markene
med sitt lange

hår, ville hun ha skønt at svarttrosten
hold tyst
der hun fór. Men – like
etterpå!

ELLA REMA EN CALMA
sobre
el mar. Ella irá a Dinamarca a
buscar

grano.
O
ha estado en Dinamarca y trae
grano. Golpes de remo

parejos. Se trata
de avizorar la costa mientras
su marido y su hijo
duermen aún.

CALLAR
es hablar
escuchando. Si
la lluvia

fuese una
vieja madre
que recorriera los suelos
con su larga

cabellera, ella hubiera entendido que el mirlo
callaba
cuando ella
avanzaba. Pero -¡inmediatamente después!

VI

KAMELENS ØYE

EL OJO DEL CAMELLO

VI SKAL
sparke deg, slå deg og pine deg
i Herskerens
navn. Vi skal salve

deg, krone degog prise deg
de Den Ydmykes
navn. Vi skall hylle deg som sirkelens
sentrum. Vi skal

spikre deg til vindrosens
kors. Vi skal
boltedeg til ditt navn. Og la vindene
slette sirkelen.

DETTE TIMEGLASS VENDER
ose
karet
opp

ned. Månen, som var
stor over åsen, ble
liten
i senit. Orions slirekniv. Lunas

korrekturlakk. Løvet
på treet
ved
brønnen var av lær.

TE VAMOS A
patear, a golpear y a atormentar
en nombre del
Emperador. Vamos a aceitarte,

a coronarte, a cotizarte
en nombre del
Humilde. Vamos a celebrarte como
el centro del círculo. Vamos a

clavarte en la cruz
de los vientos. Vamos a fijarte
junto a tu nombre. Y dejaremos que los vientos
destruyan el círculo.

ESTE RELOJ DE ARENA
vuelve torrencialmente
su cuba
de arriba

abajo. La luna
que estaba grande sobre la cima, se hizo
pequeña
en el cenit. La daga de Orión. El borrador

de la luna. Las hojas
del árbol
junto
al pozo, eran de cuero.

SANNHETEN
har ingen
hast. Den kommer 6 og 6
- fire forat

to bak. Ett fly
tråkler seg
rødt-hvitt
over firmamentet. Lyden

kommer
senere. Ikke en spurv faller
till bakken. Ikke en
skilpaddeunge kravlet til sjøs.

DET
fins et penselstrøk som sletter
alt. Det fins
spor i sand

som overlever
ørkenens
storm. Fra hvilken sirkel er du?
spør viseren

der den dreier deg
ytterst
på
sin fingerspiss.

LA VERDAD
no tiene
apuro. Viene de 6 en 6
-cuatro adelante,

dos atrás. Un avión
se hilvana en
rojo-blanco
sobre el firmamento. El sonido

llega
más tarde.No cae ni un gorrión
a tierra. Ni una tortuga joven
se arrastra hacia el mar.

HAY
un trazo de pincel que borra
todo. Hay
huellas en la arena

que sobre
viven
tormentas de arena. ¿De qué círculo eres tú?
Pregunta el señalero

mientras te hace girar
lejos,
en
la punta de su dedo.

KASTER FLERE BOKSTAVER
på
bålet. Det fater
likevel

ikke. Himmelrommet
gnistrer. Pleiaderne
rasler i sitt
syskrin. Hvem tygger grener

fra den brennende
busk? Avlopsslukets vann
roterer
motsols.

MOTSOLS
som en skøytelløper. Den svarte
steinen
ligger i Mekka, i en kubus

større enn et
hus.
Det helige er en magnet. Kroppens
blindhet

er de svarte slørs
rørelser. Sannheten kommer pakket inn. Den
utvalgte
pakker opp.

ARROJA VARIAS LETRAS
a la
hoguera. El fuego
no

prende sin embargo. La bóveda celeste
brilla. Las Pléyades
crujen en su
caja de costura. ¿Quién mastica ramas

del arbusto
quemado? El agua de la alcantarilla
rota
contra las agujas del reloj.

CONTRA LAS AGUJAS DEL RELOJ,
como un patinador sobre hielo. La piedra
negra
está en la Meca, en un cubo

más grande que una
casa.
Lo sagrado es un imán. La ceguera
del cuerpo

es el movimiento de los velos
negros. La verdad viene empaquetada. El
elegido
empaca.

KJÆRLIGHETENS FALLBRO
var
trukket
opp. Stod vi

på utsiden
eller
innsiden? Borgen var en bygård
med alle

branntrapper
hevet. Noen sa det var stillhetens
form. Jag sa
det var sannhetens.

SOLEN
suger
treet
opp av jorden. En grønn

fall
skjern
folder seg tu, nedenfra. Skyggen
skjuler

stammen
og rota.
Nedslaget knallhardt
og støtt.

EL PUENTE LEVADIZO DEL AMOR
estaba
elevado.
¿Estábamos

del lado de afuera
o
el de adentro? El castillo era un edificio
con todas sus

escaleras de incendio
erguidas. Alguien dijo que era la forma
de la quietud. Yo dije
que era la forma de la verdad.

EL SOL
chupa
el árbol
de la tierra. Un

para
caídas verde.
Se despliega de abajo. La sombra
oculta

el tronco
y la raíz.
Tumbado con dureza
y humillado.

OVERTRUKKET AV VITE
laken. Men
puster.
Det kommer ånde

på speilet. Hun fortellet seg selv
historien
om seg selv. Alder
7 år, ålder 70. Myre er glemt, men ikke

solnedgangen
ved
briggekanten, da hun kastet gullringen
i havet.

BLOMSTENE
var
malt
i lyseblått. De svevet

over
krukken. Blomstene
fikk
luft

å drikke. Lavendel
be
seiret
tyngdeloven.

CUBIERTA POR SÁBANAS
BLANCAS. Pero
respira.
Viene vapor

al espejo. Ella cuenta para sí misma
la historia
de sí misma. Edad
7 años, edad 70 años. Mucho ha sido olvidado, pero no

la puesta del sol
en el borde
del muelle, cuando arrojó el anillo de oro
al mar.

LAS FLORES
estaban
pintadas
de celeste. Flotaban

sobre
la maceta. Las flores
recibieron
aire

para beber. Lavanda
ven
ció
la gravitación.

OVERJORDISK
ble hon lagt i sin
kiste.
Kapellet

var et kjølerom.
Det hvite
lokket
hennes livs

kyse. Fra under kysen lyste
den brede
pannen. Og Kristiansundsdialekt. «Jeg var
den jag ble. Men ikke før.»

KVINNENE STREIFER
som svarte
fugler omkring i gatene. Unge
menn

bærer
hvitt. Og sølvbrodert hode. Brønnen
på torget
speiler himmelens

lys, høyt
høyt oppe. Støvets
glans. Kamelens øye
var forundring, verdighet.

SUPRATERRENA
fue puesta
en su ataúd.
La capilla

era un refrigerador.
La tapa
blanca,
la capelina.

de su vida. Allí abajo brillaba
la ancha
frente. Y el dialecto de Kristiansund: "Yo fui
lo que me volví. Pero no antes de eso".

LAS MUJERES DEAMBULAN
como pájaros
negros por las calles. Los hombres
jóvenes,

vestidos de blanco. Y una
cabeza bordada en plata. La fuente de la plaza
refleja
la luz

del cielo, alta,
alta, allá arriba. El brillo
del polvo. El ojo del camello
era asombro, dignidad.

IX

DE FIRE HIMMELRETNINGER

LOS CUATRO PUNTOS CARDINALES

HAR DU
myrdet henne? Har du
ikke
myrdet

henne? Det vet
vi
ikke. Men at hun er drept
er sant. Hun startet

en skole
for vite
begjærlig
ungdom.

ISRAEL
er
en
okkupasjonsmakt. Har de okkuperte

rett
til
å
forsvare

seg?
Gjentas
7 x 52 ganger
i det nye året.

¿LA HAS
asesinado? ¿No la
has
asesinado?

No
lo
sabemos. Pero que la han matado
es cierto. Ella

abrió una escuela
para
estudiantes
sedientos de saber.

ISRAEL
es
una
fuerza de ocupación. ¿Tienen los

ocupados
derecho
a
defenderse?

Repetir
esto
7 x 52 veces
durante el nuevo año.

STÅL
is. 25 cm. Nok til å bære en
stridsvogn.
Men traktoren

gikk gjennom, sytti meter
fra land. Menneskets
siste
tanker, idet isen

brast? Denne gang
fikk vi dem, fordi traktorføreren
hadde kraft
til å sparke ut ruta.

TOMME
hus.
Knuste
vinduer. Melankoliens overvurderte

posi
sjon.
Radioen
står

på. Vi befinner
oss ikke
på havets bunn. Vi befinner oss på gatene
i Buenos Aires.

HIELO ACERADO,
25 cm de espesor. Suficiente para soportar un
tanque.
Pero el tractor

se hundió a setenta metros
de la costa. ¿Los últimos
pensamientos
de un hombre, justo cuando el hielo

cedió? Esta vez
pudimos conocerlos, porque el chofer del tractor
tuvo fuerza
para romper el vidrio de la ventanilla.

CASAS
vacías.
Ventanas
rotas. La sobrevalorada

melanco
lía.
La radio
está

encendida. No
estamos
en el fondo del mar. Estamos en las calles
de Buenos Aires.

«DET ER SOM Å BÆRE
på døden.» Han kom med restene
av onkelens
knokler

i en plastpose. «Vi bare ønsker
han skal få
fred. Men kan ikke legge dem i jord, før vi
har fått et ark

der det står: De slo ham i hjel. Han var
uskyldig.»
Da først, sa mannen, kan vi alle
hvile ut.

HIMMELENS
påfugl
virkelighet. Himmelens
karneval. Kjelketurene da det

hvein om ørene. Tårene
piplet. Kinnene
glødet. Ordet
glede var glemt. Vi trakk kjelka

etter oss
og hadde akkurat nok
til trikken
hjem.

"ES COMO CARGAR CON
la muerte." Llegó con los restos
de los huesos
de su tío

en una bolsa plástica. "Todo lo que deseamos
es que descanse
en paz. Pero no se los puede enterrar antes
de que recibamos un papel

en el que ponga: Lo mataron. Era
inocente."
Recién entonces, dijo el hombre, podremos todos
descansar en paz.

EL CIELO
en la realidad
del pavo
real. Carnaval del cielo. Viajamos en trineo

hasta que nos zumbaron
los oídos. Las lágrimas
rodaban. Ardían las mejillas. La palabra alegría
se olvidó. Jalamos el trineo

tras nosotros
y teníamos suficiente
para llegar a casa
en el tranvía.

DESTINATION
Moon. Skipperen, med bind
for
øynene, sate oss

i land. Han sa
sangersken skulle komme
senere, han
lovte. Men den som ikke kom

var Marie. Det
ble
ingen spillejobb
i Drøbak.

HVEM STÅR
på hennes
lokk? Nåden et morgendagens
vær. Oynene

ruller. Herrene
vet ikke. Hjulet
roterer. Deler ut kortene. Driver opp
oljen. Sirkulerer surstoff

till gullfisk
akvariet. Drømmenes tombola
hjul. Tungsinnets
tredemølle.

DESTINO
Moon. El barquero, con
los ojos
vendados, nos puso

en tierra. Dijo
que la cantante vendría
más tarde, él
prometió. Pero la que no vino

fue Marie. No
hubo
grabación
en Drøbak.

¿QUIÉN ESTÁ
en sus
rizos? La piedad es el tiempo
de mañana. Los ojos

giran. Los señores,
no saben. La rueda
gira. Reparte las cartas. Sube
el aceite. El ácido circula

hacia el acuario
de los peces dorados. La rueda, tómbola
de los sueños. Pedaleo
de la tristeza.

KAN SVART GALLE
hanskes
med
gleden? Gleden må iblant

kripe
i
hi, for å slikke sine sår, det er så – danse
den imaginære

tango.
Da
solen stod opp, var pardannelsen
klar.

SNE PÅ BRYGGEPLANKENE, ET
lett
lag. Dette
nøkkelknippet, er det bare

å kaste det
til sjøs
som noen jævla
ballesteiner? Jeg veit hvor

søpla
hører
hjemme
jeg, sa Sigurd. Men juvelene?

¿PUEDE LA NEGRA HIEL
alternar
con la
alegría? La alegría tiene a veces

que irse a su guarida
a lamer sus heridas, claro que sí
-baila
el tango

imaginario.
Cuando
el sol subió, el apareamiento estaba
consumado.

NIEVE EN LAS TABLAS DEL MUELLE, UNA
capa
delgada. Este manojo
de llaves, sólo se trata de

arrojarlo
al lago
como un par de malditos
testículos, ¿eh? Yo sé dónde

va
a parar la
basura, dijo
Sigurd. ¿Y las joyas?

LEGEN DYNKET
fem
laken
i blod. Legen la laknene

ut i et kors
på
sykehusets
åpne plass. Året var 1944, byen var Caen

i Normandie.
Sykehuset og katedralen
unnslapp
bombene.

DE FIRE HIMMELRETNINGER
sviver.
Snart er det
et nytt

år, dvs. gammelt. De sier at hvitt
er summen
av alle
farger. Jeg har sett året mangefarget

like
forbannet, uansett hvor fort
korset
roterte.

EL MÉDICO EMPAPÓ
cinco
sábanas
en sangre. El médico las puso

en
cruz
en el patio
del hospital. Era el año 1944, la ciudad era Caen

en Normandía.
El hospital y la catedral
se salvaron
de los bombardeos.

LOS CUATRO PUNTOS CARDINALES
rotan.
Pronto
será un año

nuevo, es decir viejo. Se afirma que el blanco es
la suma
de todos los
colores. He visto el año multicolor

como
maldito, más allá de lo rápido
que la cruz
girase.

X

SVART, RØDT OG HVITT

NEGRO, ROJO Y BLANCO

FRU JUSTITIAS
blinde
blikk. Fru Justitia med bind
for

øynene. Hun dømmer
på øret. Det hender hun nekter å tro
sine egne
hørselsorgan.Da tjuvtitter hun

under kluten
på venstre øye, uten at noen la merke til
det. Så
feller hun sin dom.

MED SKÅLVEKT
i ene
hånden. Med sverd
i den

andre. Skålverka balanserer
Ja
mot
Nei. Skålverka er uten

mening. Sverdet
hugger
hva
vekta viser.

LA MIRADA CIEGA DE LA
señora
Justitia. Con una venda
en

los ojos. Ella juzga
con la oreja. Sucede que se niega a creer
a sus propios
órganos del oído. Entonces atisba

desde abajo del trapo
con el ojo izquierdo, sin que nadie lo
note. Entonces
dicta su sentencia.

CON LA BALANZA
en una
mano. Con la
espada

en la otra. La balanza equilibra
el Sí
con el
No. La balanza

no tiene opinión. La espada
ataca
lo que
la balanza muestra.

SELV OM HODET
er trillet
av.
Saken kan gjenopptas. Saken

kan
vinnes. Rettferdigheten kan
komme
på

plass.
Igjen.
Uten
hode, riktignok.

JEG GÅR KLEDD
i min
egen
sygge. Jeg minner

om, jeg
minner
om, jeg minner alle frakker om
en snøball av svart

som seiler
gjennom rommet. Der den slår ned
blir det
hvitt og rødt.

AUNQUE LA CABEZA
haya
caído.
El caso puede ser retomado. El caso

puede
ser ganado. La justicia
puede
ser hecha

de
nuevo.
Sin
cabeza, claro está.

ANDO VESTIDO con
mi
propia
sombra. Yo

recuerdo, yo recuerdo
re
cuerdo todos los abrigos una
bola de nieve negra

que navega
por la habitación. Donde cae
se vuelve
blanca y roja.

DETTE HAR VI FABLA OM
så lenge, så
lenge, så
lenge, dette har vi fabla om så lenge

att vi tror det er sant
at
Ålesund
aldri brant. Vi tror lukten av svidd

var et nymotens påfunn
innen
film
industrien.

SOLEN SENDTE ET SVERD
i hvert
øye, tyngre
enn øyets visir

kunne ta. Men gjennomtrekk
i blikkets
korridor
falt tårer

på arket.
Post
kasse
sprekken var murt igjen.

SOBRE ESTO HEMOS DIVAGADO
tanto, tan
to, tanto,
tanto, sobre esto hemos divagado tanto

que creemos que es cierto
que
Ålesund
nunca ardió. Creemos que el olor a quemado

fue un nuevo hallazgo
de la
industria
del cine.

EL SOL LANZÓ UNA ESPADA
a cada
ojo, más pesada
que la visera del ojo

pudo
soportar. Pero la corriente de aire en el
corredor
de la mirada derramó

lágrimas sobre la hoja.
La grieta en el
bu
zón estaba sellada.

JUG, OG HELE VERDEN
juger
med
deg. Snakk sant – og de sender

storbyens lekreste kjeier
på
deg, som drysser
pulver

i
drinken.
Tarotkortet viser
Mordechai Vanunus håndflate.

ER DENNE BLINDHET
smitt
som?
Er denne glemsel

gif
tig?
Er dette piplende mørke
noe som

kommer
i kjøkkenkranen?
Er
vannanlegget blodanlegget?

MIENTE, Y TODO EL MUNDO
miente
contigo.
Habla la verdad -y te enviarán

a las chicas más bellas de la gran ciudad
a
ti, que echas
polvo

en
el trago.
Las cartas del Tarot muestran
la palma de Mordechai Vanunu.

¿ES ESTA CEGUERA
con
tagiosa?
¿Es este olvido

vene
noso?
¿Es esta chorreante oscuridad
algo

que viene
de la llave de la cocina?
¿Es
la compañía de agua la compañía de sangre?

MARY
Queen of Scots, syng en sang
mens det
ennå er tid. Snøen hviler

et par desimeter
høj. Lik prognoser
som inte har
kollapset. Det var engang

en vinter, det var
engang en snø. Det var engang
mulig
å sette spor.

EN SOLOPPGANG
for mange. En.
sol
opp

gang før få. Solen
kaster
spyd. Solen trekker spydene
ut av de falne. Flue

sang. Fugle
sang.
Fred over Passchendaele. Ro
over Stiklestad.

MARY
Queen of Scotts, canta una canción
mientras aún
hay tiempo. La nieve tiene

un par de decímetros
de altura. Como pronósticos
que no
han colapsado. Había una vez

un invierno, había
una vez una nieve. Una vez fue
posible
dejar huellas.

UN AMANECER
para muchos. Un
ama
ne

cer para pocos. El sol
arroja
lanza. El sol toma las lanzas
de los caídos. Canto

de mosca. Canto
de pájaro.
Paz sobre Passchendaele. Calma
sobre Stiklestad.

STALINGRAD 43.
Berlin 45. Om da
ikke
Warzawa

44.
Har du set alle
røde
kors

de har
malt svarte, på de
hvite
hestene?

BILDØRENE
åpnet
seg.
Ut steg to engler

som lukket
meg inn.
Gabriel Andersen.
Gabriel Bendiksen. Selv fikk

jag navnet
Gabriel
Christensen, idet de skrudde av mig
vingerne.

ESTALINGRADO 43
Berlin 45. Si
no es
Varsovia

44.
¿Has visto todas
las cruces
rojas

que han sido pintadas
de negro, sobre los
caballos
blancos?

LAS PUERTAS DEL COCHE
se
abrieron.
De ellos salieron dos ángeles

que
me encerraron.
Gabriel Andersen.
Gabriel Bendiksen. Yo fui

llamado
Gabriel
Christensen, mientras me desatornillaban las
alas.

Los poemas traducidos en este libro fueron tomados del original noruego Drømmemakaren sa *de Jan Erik Vold (Gyldendal Norsk Forlag AS, 2004) con la autorización del autor y del editor*

www.ingramcontent.com/pod-product-compliance
Lightning Source LLC
LaVergne TN
LVHW051607080426

835510LV00020B/3171